SABRINA DE SAFIA

GRANDIR

SABRINA DE SAFIA

GRANDIR

Grandir est un voyage continu et passionnant que chaque individu entreprend tout au long de sa vie

Éditions Croix du Salut

Imprint
Any brand names and product names mentioned in this book are subject to trademark, brand or patent protection and are trademarks or registered trademarks of their respective holders. The use of brand names, product names, common names, trade names, product descriptions etc. even without a particular marking in this work is in no way to be construed to mean that such names may be regarded as unrestricted in respect of trademark and brand protection legislation and could thus be used by anyone.

Cover image: www.ingimage.com

Publisher:
Éditions Croix du Salut
is a trademark of
Dodo Books Indian Ocean Ltd. and OmniScriptum S.R.L publishing group

120 High Road, East Finchley, London, N2 9ED, United Kingdom
Str. Armeneasca 28/1, office 1, Chisinau MD-2012, Republic of Moldova, Europe
Printed at: see last page
ISBN: 978-620-6-16985-7

Copyright © SABRINA DE SAFIA
Copyright © 2024 Dodo Books Indian Ocean Ltd. and OmniScriptum S.R.L publishing group

GRANDIR

DEDICACE

Je dédie ce livre à mon époux et à mes filles qui ont été et sont des piliers de ma croissance

Remerciement

A Jésus toute la gloire pour sa présence dans ma vie

A vous qui me soutenez et qui croyez en moi, Merci

SOMMAIRE

3 Jean 1 : 2

Bien-aimé, je souhaite que tu prospères à tous égards et sois en bonne santé, comme prospère l'état de ton âme

AVANT-PROPOS

Je n'oserai pas commencer ce deuxième ouvrage sans remercier toutes les personnes qui m'ont soutenu, appuyés, assistés lors de la sortie de mon premier livre ''Devenir une solution''

Je rends grâce à Dieu pour toutes les personnes qui ont pris le temps d'acheter. C'était en effet le début d'une aventure magnifique que vous et moi allons partager pendant beaucoup d'année encore.

Certains ont acheté ''Devenir une solution'' pour m'encourager, d'autres l'ont acheté par curiosité, mais Dieu a su toucher chacun de façon particulière.

Dans ce deuxième ouvrage dont vous aurez évidemment déjà remarqué le titre, je vous parle de mes leçons, de mes défis, de mes craintes, de mes peurs, de mes réussites et mes challenges que j'ai eu la grâce de surmonter et qui m'ont permis de ''Grandir''.

Durant deux années, j'ai eu l'impression d'acquérir quatre-vingt ans d'âge, tellement elles ont été intenses, remplies d'adrénaline et d'émotions fortes.

Grandir, être grand, se grandir, croitre, progresser, s'augmenter, évoluer, se développer, s'amplifier, murir ; vous pourriez mettre le mot qui vous convient le mieux, le mot qui vous parle le plus, l'expression qui vous est propre. Tant que celui-ci va dans le même sens que GRANDIR, vous vous retrouverez.

Pourquoi grandir ? Comment grandir ? A quel moment on sait qu'on a grandir ?

Chacun possède ses projets et son sommet, mais ceux qui y parviennent sont ceux qui comprennent et acceptent le processus.

Attachez vos ceintures chers hommes et femmes Solution, car ce court voyage va être émotionnellement secouant.

INTRODUCTION

Amadou Koné, un écrivain et universitaire ivoirien a écrit dans Les frasques d'Ebinto : "Peu d'entre nous font vraiment usage de leur cerveau. Le corps cesse de grandir après quelques années, mais l'esprit peut grandir toute la vie." Comme pour dire que notre corps peut s'épuiser, notre corps peut s'user, notre corps peut rester petit aux yeux des hommes, mais notre croissance sera toujours d'actualité tant que nous serons vivants.

Grandir est un voyage continu et passionnant que chaque individu entreprend tout au long de sa vie. Ce long processus va bien au-delà de l'apparence physique de taille ; c'est surtout le développement spirituel, émotionnel, intellectuel et social qui façonne notre identité et notre compréhension du monde.

Au fur à mesure que nous grandissons, nous devenons en quelque sorte l'ensemble de nos expériences, de nos défis et de nos découvertes qui contribuent à notre maturité et à notre épanouissement en tant qu'êtres humains.

Grandir c'est également la capacité à s'adapter, à apprendre et à se transformer, par les hauts et les bas de la vie. Alors voyagez avec moi par ce livre découvrez avec moi ce que j'ai découvert sur le sujet. Vous pouvez considérer ce livre comme un signal d'alerte pour enfin commencer à opérer des changements dans votre vie afin de trouver et suivre votre propre chemin.

Dieu s'intéresse à notre croissance, en d'autres termes, Dieu veut que nous grandissions. Si Dieu est notre père comme la bible nous le dit, c'est que comme tout père, voir ses enfants grandir est un plaisir.

Dans le livre de Jean, chapitre 15 aux verset 1 et 2, Jésus dit : "Je suis le vrai cep, et mon Père est le vigneron. Tout sarment qui est en moi et qui ne porte pas de fruit, il le retranche ; et tout sarment qui porte du fruit, il l'émonde, afin qu'il porte encore plus de fruit.''

Vous vous demandez surement quel est le rapport entre le fait de grandir et ce que Jésus a dit dans ces versets ;

En réalité, j'ai découvert au travers de ce verset que Dieu désire tellement nous voir grandir, il désire tellement nous voir porter du fruit qu'il a tout mis à notre disposition. Nous avons en Jésus-Christ une source intarissable, une source riche, destinée à nous aider dans cette marche afin d'accomplir ce pourquoi Dieu nous a envoyé sur terre.

Notre vie est comme un arbre entre les mains de Dieu, nous sommes naturellement appelés à grandir coute que coute. Seulement, comme tout arbre, plus on pousse, plus la nécessite d'être taillé s'impose. Plus l'arbre est taillé, plus il pousse et il est beau à voir.

Jésus dit que tous ceux qui sont en lui et qui ne portent pas de fruit c'est-à-dire qui ne grandissent pas, il les retranche du cep qu'il est, par contre tous ceux qui sont en lui et qui grandissent, portent du fruit, il les améliore, il les embellit afin qu'ils grandissent encore plus.

C'est pour ça que l'apôtre Jean va dire dans le livre de 3 Jean 1 : 2 que : "Bien-aimé, je souhaite que tu prospères à tous égards et sois en bonne santé, comme prospère l'état de ton âme"

Dieu souhaite et veut que nous grandissions à tous égards

CE QUE VOUS DEVEZ ABSOLUMENT SAVOIR SUR GRANDIR

Un ami m'a dit un jour que dans chaque épreuve, Dieu s'assure toujours qu'on ait retenu la leçon avant de nous sortir de là. Parce qu'avec lui, tout est question de processus. Il n'est pas incapable de vous sortir de cette douleur ou cette situation qui vous fait pleurer. Vaut mieux pleurer que de sauter d'étape avec Dieu.

Dans la vie, ce n'est pas forcément la destination ni le résultat qui compte, mais chaque enseignement acquis au cours de votre évolution.

Il y a les choses qui ne font pas plaisir, mais qui contribuent à vous faire évoluer, grandir, dans votre vie du quotidien.

Bien des choses plaisantes vous aident aussi à grandir, mais rien n'est plus éducatif que la peine ou la douleur.

C'est pourquoi vous devez accepter certaines choses dans un but unique : celui de pouvoir grandir.

Vous devez absolument être rassuré que la croissance spirituelle et personnelle est le résultat d'un processus bien continu qui demande du temps et de la persévérance. Soyez patient avec vous-même et célébrez chaque étape de votre progression.

Chaque étape que je partage avec vous dans ce livre est une expérience personnelle. Maintenant que votre ceinture est bien attachée, nous pouvons décoller.

Chapitre 1

LA CONFUSION

Vivre des confusions est une chose, mais en sortir sans se perdre, sans rétrograder, sans stagner, pire encore vivant en est une autre.

Il vous faut une fondation bien plus solide pour franchir l'étape.

Le prix de la vie c'est la mort

Voici trois définitions que le Larousse donne au mot confusion :

1. La confusion c'est l'action de confondre, de prendre quelque chose ou quelqu'un, pour quelque chose, quelqu'un d'autre ;

2. C'est l'état de ce qui est confus, indistinct, désordonné ;

3. Embarras, trouble causé par le sentiment d'une maladresse, d'une faute ; gêne, honte ;

C'est trois définitions contextuellement placées m'ont paru très intéressantes, ce qui m'a poussé à chercher les synonymes que le dictionnaire donne au mot confusion :

Complication, emmêlement, enchevêtrement, fatras, fouillis, imbroglio, incohérence, inconséquence, mélange, obscurité, Familier, cafouillage, cafouillis, embrouillamini, méli-mélo, équivoque, erreur, imbroglio, méprise, quiproquo, agitation, anarchie, bousculade, branle-bas, chaos, débandade, désordre, remue-ménage, trouble, embarras, gêne, honte, humiliation, perturbation,

Ces mots sont juste incroyablement explicités n'est-ce pas ?

Ici, ce n'est pas le mot qui nous intéresse particulièrement, mais plutôt ce que j'appelle ''la saison de confusion''

Le syndrome confusionnel ou la confusion mentale comme on le dit en psychologie est un syndrome clinique, caractérisé par l'ensemble des fonctions cognitives et comportementales.

De façon plus simple, les psychologues considèrent le syndrome confusionnel comme une affection cérébrale aiguë qui se traduit par des troubles cognitifs et des troubles comportementaux et qui apparait de façon brutale et avec évolution fluctuante en lien avec un facteur médical

De façon encore plus simple et compréhensible, la confusion mentale est un état caractérisé par une désorganisation de tous les processus psychiques.

Comment se définit le délire observé dans les syndromes confusionnels ?

Des hallucinations, visuelles ou auditives (attitudes d'écoute, frayeurs, pleurs). Des éléments délirants peuvent également s'observer car la réalité extérieure est mal perçue et mal interprétée.

Je suis sûre que vous vous posez la question de savoir pourquoi je vous parle de ce syndrome, alors que le chapitre parle de confusion. Quel est donc le rapport entre toutes ces informations sur le syndrome confusionnel et la saison de confusion

En effet, la bible dit qu'il n'y a rien de nouveau sur la terre. En d'autres termes, rien de ce que la science peut nous enseigner est une chose nouvelle pour Dieu.

Toutes les maladies, toutes les découvertes qu'on nous présente tous les jours comme des innovations, comme des nouveautés ne le sont pas pour Dieu. Parce que ces choses ne sont pas nouvelles pour notre Dieu, pourquoi donc devraient-elles l'être pour nous ?

Personne ne peut prétendre grandir sans connaitre la saison de confusion, Personne ne peut parler avec assurance de croissance, d'évolution, de gloire, de réussite sans vraiment raconter ses moments de de trouble, de honte, de regrets, complications, d'emmêlement, d'enchevêtrement, de fatras, de fouillis, d'imbroglio, d'incohérence, d'inconséquence, de mélange, d'obscurité…

En réalité, l'on ne parle de la force de caractère que lorsqu'une personne fait face à des situations qui lui imposent de la démontrer.

Par exemple : rester gentil dans la méchanceté des autres ; rester loyale dans la trahison.

Avez-vous reconnu quelques-uns de ces mots ; N'est ce pas ? familiarisez-vous avec eux ; car les comprendre, les redéfinir, sont là l'objet de ce chapitre.

Il y'a dix ans, je rêvais d'avoir l'âge que j'ai aujourd'hui et j'avais hâte de vivre toutes les folies que je croyais être liées à cet âge. A croire qu'il y'a un âge pour chaque catégorie de folie. Ma mère n'arrêterait pas de me dire à cette époque-là de me contenter d'étudier, de faire ce qu'elle me disait de faire et qu'une fois GRANDE, je pourrai prendre mes propres décisions.

Cependant, ma question a toujours été de savoir, quand est ce qu'on sait qu'on a grandi ? quels sont les signes qui montrent qu'on a grandi ? comment Grandir ? sans doute parce que j'avais trop hâte de grandir pour enfin faire ce que je voulais.

Jusque-là encore, tout allait bien ; car j'avais mes plans, j'avais parfaitement planifié ma vie qui se résumait à obtenir mon baccalauréat, aller à l'université, trouver un emploi, louer enfin ma propre maison, acheter ma voiture, voyager… bref, être totalement libre de mes mouvements.

Au fil du temps, j'ai vu tous mes souhaits se réaliser petit à petit. J'ai vu mon plan marcher. Parce que juste après mon bac, j'ai travaillé dur pour avoir tout ce que je voulais ; disons presque. Tous ceux qui ont lu mon premier livre sauront de quoi je parle.

Être une femme dynamique, travailleuse, courageuse, forte et par-dessus tout indépendante était le rêve de ma vie et j'ai estimé avoir vu tout ça en moi avant, pendant et après mes dix-huit ans. Quelle prétention n'est-ce pas ?

Vous imaginez donc que je me considérais assez grande et assez sage. Je ne me reprochais pas grand-chose parce que j'estimais être suffisamment grande et responsable de ma vie.

Quand j'ai annoncé mon mariage il y'a quatre ans, les gens n'arrêtaient pas de me dire « Enfin, tu entres dans la cour des grands ». Ma mère et certaines personnes très proches de moi m'ont dit « tu es grande maintenant, les vraies choses de ta vie vont commencer »

J'avoue qu'à force d'écouter ça, je stressais, j'avais peur. C'était bizarre de me voir comme ça parce que faut dire que je suis assez confiante. Je dois vous avouer que la confiance que j'ai envers ma personne me fascine ; croyez-moi.

Deux mois après mon mariage, j'ai commencé à voir en moi des traits de caractère que je ne pensais pas vraiment avoir avant. Etant une personne ouverte et souvent très expressive dans mes rapports avec moi-même et avec les autres. Je me suis retrouvée renfermée en moi-même, n'ayant aucune explication pour des choses que je voulais absolument avoir des réponses.

J'ai passé des jours de méditation profonde car je voulais comprendre et avoir ma propre définition de tout ce qui m'arrivait.

Dans cette petite histoire que je vous ai raconté, vous pouvez vous rendre compte que je croyais avoir le contrôle total de ma vie. Je savais exactement d'où je venais et où je partais, du moins, où je voulais partir. Que décidément tout ce qui m'arrivait jusque-là était une succession naturelle des choses que j'avais minutieusement travaillé.

La saison de confusion c'est cette période de votre vie au cours de laquelle, vous ne comprenez plus où vous en êtes, ce que vous faites, pourquoi vous le faites mais surtout comment allez-vous vous en sortir.

La saison de confusion c'est cette période de doute, de stresse, de pleurs, de douleur et d'angoisse profonde ; vous vous sentez seul, incompris, sans aucun soutien.

C'est aussi la saison dans laquelle vous avez l'impression que personne ne veut et ne peut vous aider, que même Dieu ne veut pas vous aider. J'insiste et je pèse mes mots : ce n'est qu'une impression

Vous comparez vos actuelles décisions aux précédentes ; vous pensez à si vous aviez fait autrement les choses, si vous aviez fait ce que certaines personnes vous conseillaient dans le passé. Vous remettez en question toutes vos décisions et certains de vos choix. Pire, vous avez l'impression que Dieu vous reproche de quelque chose.

Cette impression d'avoir échoué. La désillusion s'installe dans votre âme et vous ne voyez absolument rien de positif autour de vous, voire en vous. Oh que c'est pénible de vivre la confusion.

La saison de confusion c'est aussi ces moments où les promesses de Dieu sonnent comme des mensonges dans vos oreilles. Vous vous demandez : est-ce que c'était vraiment Dieu qui vous parlait ? Votre situation ressemble à celle d'un exclave.

La saison dans laquelle tout ce qu'on a programmé, a subitement basculé. Tous nos plans ont été bafoués. Tous nos objectifs n'ont pas abouti.

Je me suis mariée avec un homme extraordinaire. Il m'arrive de me demander si je mérite vraiment cet ange qui dort à mes côtés et que je vois tous jours au réveil. Un homme qui m'aime de tout son cœur, qui me respecte, qui m'écoute et me comprend. Quoi demander de plus ?

Vous serez étonné d'apprendre que c'est après mon mariage que j'ai vécu ma saison de confusion. Comme pour dire que dans la saison de confusion, vous ne donnez plus votre attention aux belles et bonnes choses autour de vous. Tout devient noir.

Comment on peut être aimée, respectée et vivre la confusion ? comment on peut être une nouvellement mariée et vivre la confusion au lieu de vivre sa lune de miel ?

Sachez qu'une vie de couple heureuse est le résultat d'une vie personnelle épanouie. Si vous n'avez pas votre propre vie en dehors de votre mari ou femme, vous ne serez pas heureux(e).

Un mois après mon mariage je découvre que je suis enceinte, bien qu'étant une bonne nouvelle à ce moment-là, le plan n'était pas celui-là à la base ; puisque nous avions convenu mon mari et moi attendre deux ans après le mariage avant d'avoir des enfants. Parce que selon nous, en deux ans, on aurait assez de temps pour préparer leur venue et leur avenir financièrement parlant.

Une fois qu'on avait confirmé la grossesse, on l'avait plutôt bien pris, on avait bien accueilli la nouvelle.

Je me disais en moi-même : ce n'est pas grave, c'est le fruit de notre amour, on l'aime déjà, tout se passera bien.

En réalité, pour une personne habituée à tout contrôler, à décider de tout et à tout planifier, ce n'était intérieurement pas difficile à accepter. Je savais que j'étais mal à l'intérieur, mais il me fallait être forte pour mon mari et pour l'être innocent dans mon ventre.

Deux mois plus tard, on apprend finalement qu'il n'y avait pas qu'un bébé dans mon ventre, mais qu'il y'en avait trois. J'ai encore le souvenir de mon vertige ce soir-là. Une fois rentrée chez moi, j'ai commencé à questionner Dieu. Ce fut le début de ma saison de confusion.

Comment cela se fera-t-il ? Seigneur pourquoi tu me fais ça ?

Penses-tu que je sois capable d'être productive avec trois enfants ayant le même âge et les mêmes besoins ?

Qu'est-ce que tu attends de moi ?

Sais-tu qu'on n'a pas encore les moyens de prendre soin de ces trois enfants ?

Comment veux-tu que je travaille si je suis malade et que cette grossesse me conditionne à rester immobile pendant des mois ?

Je ne suis pas capable,

Comment les éduquer ?

Comment les aimer ?

Veux-tu que ces enfants vivent les mêmes frustrations que moi dans mon enfance ?

Tu me connais assez bien pour savoir que l'immobilité me déprime, alors pourquoi tu me fais ça ?

Tout autour de moi était subitement silencieux et sombre.

Comment une femme confiante et travailleuse que je suis, peut automatiquement douter de ses capacités et de sa force du jour au lent demain ? Comment une servante de Dieu dévouée, femme de foi que je prônais être, peut aussi facilement douter de ce que Dieu peut faire pour elle et avec elle ?

En réalité, l'être humain est habitué à contrôler sa vie c'est-à-dire ; ce qui entre, à quel moment laisser entre et pourquoi laisser entrer. Sauf que Dieu est souverain et fait ce qu'il veut, quand il le veut, dans un seul but : Accomplir sa volonté.

Cette période où Dieu nous impose sa volonté est sensée arrivé dans nos vies à tous.

La volonté de Dieu vient tout changer, tout basculer et remettre les choses à leur place.

La peur, l'inquiétude, l'incertitude, la désillusion, l'inconfortable s'installent… c'est normal, Dieu a repris le contrôle sur ce que nous pensions avoir le droit de contrôler.

La saison de confusion est un peu comme cette mauvaise nouvelle qui ne vient jamais seul. Elle vient avec son lot de désespoir, de trahison, de déception.

Ma saison à moi était venu avec son lot de faillite. Aucun projet n'aboutit, aucun investissement ne rapporte, aucune entrée. J'ai vécu le contraire de la productivité, c'est-à-dire que tout était vide, le chaos, la galère.

La saison des rêves bafoués, de l'injustice, de l'ingratitude des gens, la déloyauté, de honte, des relations détruites, des entreprises mortes, des idées infertiles. La saison de la mort.

Entre ce que vous avez prévu, ce pourquoi vous avez travaillé, ce que vous pensez être un processus normal, et ce que Dieu seul veut. Il ne s'agit même pas de connaitre la volonté de Dieu ou pas. Dieu nous dit souvent ce qu'il compte faire avec nous, mais rares sont les moments où il nous dévoile ses méthodes. En tout cas pour ma part, il ne m'a jamais dit comment il comptait faire les choses pour atteindre son but, surement parce qu'il sait que j'aurai refusé. Il est souverain. Il fait ce qu'il veut, quand il veut.

Vous n'avez aucune idée de ce que Dieu fait quand vous pleurez et que vous vous plaignez de douleur. Il fait des choses extraordinaires.

Investir et ne pas voir où est passé son investissement,

Commencer une entreprise et échouer à chaque fois,

Être trahi par des personnes à qui on a fait confiance,

Se sentir seul alors qu'on a des gens autour de soi,

Être déçu et se faire manipuler des gens,

Être jugé pour tout et par tous,

Être incompris,

Être humilié à cause des imprévus,

Les choses qui n'auraient pas dû venir mais qui sont quand même venues.

A l'égard de tout ce que nous avons appris sur la saison de confusion, comment donc faire face à cette saison pour en sortir **Grandi ?** Comment dans la douleur voire le bien et la gloire ? comment sortir fort de cette saison qui nous a tant épuisé ? comment se relever de cette chute qui a causé des dégâts ? comment voir la lumière ares qu'on ait l'impression d'avoir complètement perdu la vue ?

Vous ne devez absolument pas oublier de vous souvenir de la fidélité de Dieu et de sa responsabilité de père. Dieu est véritablement un Dieu responsable. Rien ne lui échappe.

Depuis que je suis maman, pas un seul jour j'ai oublié un seul repas de mes filles. Dieu sait à quel moment vous donner ce qui nécessaire et prioritaire pour votre croissance.

Je crois fermement que si Nelson Mandela n'était pas allé en prison, il ne serait pas devenu président. Quelque soit ton problème, ta souffrance et ta frustration, n'oubliez pas qui vous êtes réellement.

Les moments difficiles qui vous ont conduit dans la confusion, qui vous ont fait douter de vous et de Dieu ont pour but de vous fairez grandir.

Comment vous positionnez face à la confusion ?

L'une des erreurs à ne jamais commettre pendant la confusion, c'est d'oublier que la vie est un processus et durant ce processus, vous avez la responsabilité de respecter les étapes. Parce que chaque étape est un exercice qui a pour but de vous faire changer de classe, vous faire monter en grade.

Voici ce que vous devez vous positionner face à la confusion :

CAS PRATIQUES

L'auto-réflexion et la connaissance de soi

Prenez le temps de vous rappeler de qui vous êtes. Je ne pourrai évidemment pas revenir sur la notion de la connaissance de soi parce que j'en ai largement parlé dans mon précédent livre.

Vous pouvez pleurer comme vous voulez, vous pouvez vous plaindre et vous lamenter ; ce n'est pas grave, tant que ça peut vous soulager. Mais à la fin de tout, asseyez-vous et repositionnez-vous.

Ensuite, reflechissez profondément sur le pourquoi de votre situation. Savez vous qu'il y'a une raison à tout ce qui nous arrive dans la vie ? Ne fuyez pas vos responsabilités devant les situations difficiles. Ne vous trouvez pas d'excuses et ne minimisez aucun détail.

Identifiez vos forces, vos faiblesses, vos valeurs, vos intérêts et vos objectifs. Plus vous en savez sur vous-même, plus il vous sera facile de prendre des décisions éclairées pour votre croissance personnelle.

Qu'est ce que vous savez de vous ? …

Où est ce que vous avez failli ? ……

Fixez des objectifs réalistes :

Établissez des objectifs clairs et réalisables pour vous-même. Que ce soit sur le plan professionnel, personnel ou académique, spirituel. Avoir des objectifs donnera un sens à vos actions et vous poussera à vous améliorer constamment.

On ne peut pas parler de Grandir sans Objectifs. Celui qui ne sait pas où il va, va nulle part. se réveiller chaque matin et se plaindre sans se décider à changer sa situation c'est se mettre en prison.

Combien sont ses personnes qui se sont emprisonnées elles même parce qu'elles pensaient n'avoir aucun pouvoir sur leur situation ?

Vous êtes le capitaine du bateau qu'est votre vie. Si le capitaine ne sait pas où le bateau va ; qui le saura ? oui, les affaires ne marchent pas, l'école ne marche pas, vous avez déposez des CV partout mais on ne vous rappelle pas… qu'est ce que vous pouvez faire de nouveau ?

Fixez vous de nouveaux objectifs. Les objectifs à long terme et à court terme. Quelque chose de réalisable avec les moyens que vous avez.

Arrêtez de tout globaliser, de généraliser vos objectifs, listez-les par domaines.

Objectifs spirituels….

Objectifs professionnels…

Objectifs relationnels…

Objectifs financier…

Sortez de votre zone de confort

La croissance survient lorsque vous relevez des défis. N'ayez pas peur de sortir de votre zone de confort et d'explorer de nouvelles expériences. C'est là que vous apprenez le plus sur vous-même et sur ce dont vous êtes capable. Au-delà de ce que vous faites habituellement, il y'a une opportunité, une autre dimension.

Si vous n'essayez pas, vous ne saurez jamais.

De quoi avez-vous peur ? ….

Pourquoi avez-vous peur ? ….

De qui avez-vous peur ? …

La plupart du temps, la peur de l'échec et du regard des autres sont des sources de notre souffrance. Ne tombez pas dans le piège de l'être parfait. Vous ne le serez jamais.

Chapitre 2

LA PENSEE

La pensée est en elle-même une puissance intérieure de révélation - Richard Stratton

Il me dit : Daniel, ne crains rien ; car dès le premier jour où tu as eu à cœur de comprendre, et de t'humilier devant ton Dieu, tes paroles ont été entendues, et c'est à cause de tes paroles que je viens. Daniel 10 : 12

Que les propos de ma bouche, et la méditation de mon cœur te soient agréables, ô Eternel ! mon rocher, et mon Rédempteur. Psaume 19 : 14

Le but principal de ce chapitre est de comprendre comment fonctionne le monde de la pensée et quel est le pouvoir de la pensée dans la croissance personnelle.

Comment parler de grandir, de développement sans parler de ce qui fait l'être humain ?

Lorsqu'on passe par des moments de confusion, le plus grand combat n'est pas ce que nous voyons avec nos yeux physiques, mais plutôt ce qui se passe dans la pensée.

J'aime ce que le Seigneur Jésus dit dans le livre Mathieu chapitre cinq : Vous avez appris qu'il a été dit : Tu ne commettras point d'adultère. Mais moi, je vous dis que quiconque regarde une femme pour la convoiter a déjà commis un adultère avec elle dans son cœur. Rien de ce que l'on pose comme acte dans le physique se fait seul, absolument rien.

Lorsque vous entendez qu'une personne s'est donnée la mort, c'est que cette personne nourrissait dans sa pensée l'envie de le faire. Une envie suicidaire liée aux difficultés de sa vie.

Quand vous vous retrouvez seul dans votre chambre sans personne, sans écran. Juste vous et vos réalités, vos souffrances, vos questions sans réponses… à quoi pensez-vous ? ce à quoi vous pensez lorsque vous méditez sur votre vie est ce qui fait la qualité de votre quotidien.

Selon Wikipédia, la pensée est une activité psychique, consciente dans son ensemble (mais parfois incontrôlée), qui recouvre les processus par lesquels sont élaborées, en réponse aux perceptions venues des sens, la synthèse des images et des sensations réelles et imaginaires qui produisent les concepts que l'être humain associe pour apprendre, créer, agir et communiquer dans la réalité.

En gros, nos pensées ont la capacité d'influencer notre perception du monde, nos émotions et même nos actions. Certaines philosophies et approches psychologiques affirment également que la manière dont nous pensons peut façonner notre réalité.

Le pouvoir de la pensée va au-delà de l'influence personnelle.

Spirituellement parlant, la pensée a un impact sur la réalité elle-même.

D'où l'importance de ce chapitre. La conscience de nos pensées et la capacité à les diriger de manière intentionnelle peuvent jouer un rôle important dans notre bien-être spirituel, mental, physique et émotionnel.

Comment Fonctionne le monde de la pensée ?

La pensée de l'homme est un monde à part entière, chaque pensée, à chaque seconde a une portée spirituelle considérable.

Vos pensées sont vos prières et vos requêtes les plus sincères. Vous êtes un être de pensée et c'est spécialement ce qui vous différencie de l'animal.

C'est dans les pensées que l'être humain demande désespérément ce qu'il aimerait voir dans sa vie. C'est également dans la pensée que l'être humain est vrai avec lui-même.

Puisque l'homme est ce qu'il pense au quotidien, puisque la prière est un soupire intérieur qui se verbalise,

Si vous continuez à refuser de comprendre que le monde de la pensée est ce qui fait votre quotidien, vos prières et vos réactions, vous passez à coté de toutes les belles réalisations de votre vie.

Les pensées jouent un rôle fondamental dans la manière dont nous percevons, interprétons et réagissons à notre environnement. L'influence des pensées sur notre vie est vaste et peut affecter différents aspects, tels que nos émotions, nos comportements, nos relations sociales et même notre santé mentale et physique.

On ne peut pas grandir sans parler les aspects visibles de croissance humaine. Dieu est le seul qui regarde au cœur. Et même lorsqu'il voit le pire en nous, il nous aime et croit en nous. Il veut que ses desseins s'accomplissent dans nos vies. Ce qui n'est absolument pas le cas de l'être humain. Nous regardons premièrement à ce qui frappe à l'œil. Une fois qu'on découvre l'intérieur et que celui-ci ne nous plaint pas. On tourne le dos. Quiconque vous dit le contraire est un menteur.

Je veux vous emmener à comprendre qu'il y'a des éléments visibles qui peuvent montrer si oui ou non vous êtes grand. J'ai vu dans ma vie les filles immatures de trente ans et les femmes matures de dix neuf ans. Il y'a en effet les éléments qui démontrent de la maturité, de la croissance d'une personne.

Ces éléments ne sont autre que le résultat des pensées. Comment vous pensez fait votre vie et tout ce qui l'entoure. Ce à quoi vous pensez, ce que vous pensez que vous êtes font vos sujets de prière.

Parce que votre pensée est une entité spirituelle, le diable le sait. Dans le monde on vous dira que les pensées et les désires sont une abstraction ; mais c'est faux. Le monde sombre utilise de cette façon de voir les choses pour maintenir les être humain dans la servitude.

Parce que si vous n'êtes pas conscient que votre pensée est un monde véritablement réel et très vivant, et qu'il vous faut en être conscient et connaitre ses lois. Le diable utilise donc votre pensée pour voler votre Energie, votre pouvoir, votre âme, votre intelligence pour ses projets à lui qui sont clairement contraire aux projets de Dieu pour vous.

Ce qui vous différencie de l'animal c'est votre pensée. Plus vite vous le saurez, plus vite vous aurez le contrôle de votre vie.

<u>Vos pensées créent vos émotions</u>

Vous avez déjà l'habitude qu'on vous parle de comment les pensées influencent directement les émotions. Des pensées positives peuvent susciter des émotions de bonheur, de gratitude et de satisfaction, tandis que des pensées négatives peuvent entraîner la tristesse, la colère ou l'anxiété. La manière dont nous interprétons les événements autour de nous peut modifier notre état émotionnel. C'est une vérité.

Ces deux dernières années, j'ai vu mes pensées influencer négativement mes émotions, ce qui avait automatiquement des conséquences sur mon travail, ma vocation et ma vie de femme. Ces émotions étaient tellement fortes qu'elles m'ont fait douter de ma capacité à être une bonne mère et capable de prendre soin de mes enfants.

Les normes sociales et les attentes culturelles jouent un rôle important dans la manière dont les pensées sont conçues et qu'ensuite les émotions expriment et interprètent. Parce que devant une situation, une émotion surgit comme un moyen de défense et de secours de manière dont la pensée a transmis l'information.

La façon dont les choses se présentaient à moi me faisait tellement peur. Cette peur m'envahissait et m'empêchait de bien penser. Toutes mes pensées étaient orientées sur les expériences négatives des autres. D'où je pense que certains témoignages font naitre des pressions.

Les émotions agissent comme un filtre à travers lequel nous percevons le monde. Lorsque vous ressentez une émotion particulière, elle peut influencer la manière dont vous interprétez et réagissez aux informations et aux situations.

Une personne anxieuse peut interpréter une remarque neutre comme critique. A l'immédiat, ce qu'elle ressent prend le dessus d'elle et bloque aussitôt sa raison. La seule chose à laquelle cette dernière peut penser faire c'est de se défendre.

Les émotions peuvent diriger votre attention vers des aspects spécifiques de votre environnement. Si vous êtes en colère, vous pouvez être plus enclin à remarquer des choses qui renforcent uniquement cette émotion.

Vous remarquerez que si vous êtes joyeux, votre attention peut se porter sur des aspects positifs de votre vie et vous faire évader. A ce moment-là, vos pensées sont orientées vers les possibilités et non des impossibilités.

Les émotions peuvent influencer la formation de souvenirs. Des expériences émotionnelles intenses sont souvent mieux mémorisées que des événements neutres.

A chaque fois que je me regardais enceinte et que je m'imaginais avec trois enfants à la maison, les choses auxquelles je pensais étaient toutes liées aux expériences négatives de mon enfance. Je voyais toute mon enfance défilée devant mes yeux. J'entendais des cris des enfants tristes de l'environnement toxique dans lequel j'avais grandi.

Est-ce que je serai à la hauteur ? et si un jour je fais du mal à une d'entre elles en voulant sauver l'autre ? comment je ferai pour être présente si je dois travailler ? comment je ferai aussi pour travailler si je dois m'occuper d'elles ? et si un jour je m'absente et que quelqu'un leur fait du mal ? Et si je n'arrivais pas bien prendre soin d'elles ?

Je ne pouvais pas voir le bien, parce que ma tête était chargée des souvenir négatifs de mon enfance difficile qui affectaient mes pensées.

Les pensées influencent la manière dont nous interprétons les situations. Quand vous êtes dans un état émotionnel positif, vous êtes plus susceptibles de percevoir les intentions des autres de manière positive, tandis que dans un état négatif, vous pouvez interpréter les mêmes intentions de manière négative.

Vous ne pouvez absolument pas vous considérer grand si vous n'êtes pas capable de d'accepter, de comprendre et de contrôler vos pensées. Il n'existe pas de magie dans la gestion de ses émotions si ce n'est de commencer à accepter. Ne rejetez pas ce que vous ressentez mais cherchez plutôt à le comprendre afin de de savoir comment les contrôler.

Sans ce contrôle, vous exposerez vos pensées à la mort, ce qui ensuite vous entrainera à votre mort physique.

Quand vous êtes triste par exemple, vous devez accepter que la tristesse soit une émotion bien réelle et normale. En même temps vous convaincre que votre Dieu qui connait tout est bien plus présent pour vous que cette émotion. Pourquoi vous êtes triste ? priez !

Vos émotions ne doivent pas remplacer la raison. Dominez sur elles

Dans votre marche vers la grandeur, la croissance et le développement, vous devez impérativement être maitre de vos pensées sans quoi, votre âge et votre taille augmenteraient mais pas votre vrai vous.

Vos pensées influent sur totalement tous les aspects de votre vie. Être conscient de vos pensées, les remettre en question lorsque nécessaire et cultiver des pensées positives, instructives peuvent contribuer à votre croissance.

Les pensées ont un impact direct sur les comportements. Vos actions sont souvent le résultat de vos pensées et de vos croyances. Une personne qui pense être capable de réussir dans une tâche sera plus encline à persévérer et à travailler dur pour atteindre ses objectifs.

Vos pensées influencent la manière dont vous percevez les autres et interagissez avec eux. Des jugements rapides ou des préjugés basés sur vos pensées peuvent affecter vos relations sociales. Une pensée positive à propos des autres favorisent des relations plus harmonieuses et positives.

Nos pensées jouent un rôle crucial dans la formation de votre estime de soi. Des pensées positives et bienveillantes envers soi-même renforcent la confiance en soi, tandis que des pensées négatives peuvent conduire à une faible estime de soi et à des sentiments d'insécurité.

Les pensées optimistes, associées à la motivation et à la persévérance, peuvent contribuer au succès personnel et professionnel. La confiance en soi et la capacité à surmonter les obstacles sont souvent liées à la manière dont vous pensez et interprétez vos expériences.

Votre état d'esprit

Vous devez regarder la vie différemment. Nous sommes trop souvent tentés par la négativité et la complainte. Quand ça ne va pas, on se plaint, on se torture de murmures. Mais qui a déjà trouvé une solution dans les plaintes et murmures ?

Les petits éléments de notre quotidien semblent anodins voir non problématiques et pourtant, mis bout à bout au fil des jours, mois, années, ils bâtissent un état d'esprit négatif.

C'est pour cela qu'il est important de modifier nos automatismes et nos habitudes de pensée qui sont souvent néfastes à notre bonheur. Car c'est nous-même qui décidons si nous sommes heureux ou non.

Je n'ai pas pu profiter des quatre premiers mois de ma grossesse parce que je m'inquiétais et murmurais sur des choses dont je n'avais absolument pas le contrôle.

Ai-je la capacité de décider combien d'enfants peuvent vivre dans mon ventre ? non. La maternité est le domaine de Dieu et il est le seul à avoir le contrôle dessus. Si dès le départ j'avais réalisé ce point, je me serais libérée d'un grand et gros poids. Ayez confiance en Dieu.

C'est par la façon dont nous réagissons face à des événements et situations qui semblent négatifs au premier abord. Deux personnes vivront complètement différemment la même situation. Pour l'une ce sera une source de joie alors que pour l'autre, une source de négativité. Est-ce pour mépriser votre situation que je dis cela ? absolument pas croyez-moi.

Je suis tombée enceinte alors que mon mari et moi n'étions pas financièrement prêts. Nous venions à peine de nous marier avec zéro économie. Vous imaginez donc que la nouvelle selon laquelle la grossesse contenait des triplés étaient pour nous une forme de pression.

Emotionnellement parlant, je vous ai expliqué là-haut comment l'épreuve était atrocement difficile à accepter et à affronter.

Les choses ont commencé à s'améliorer quand effectivement, j'ai accepté la situation et que j'ai commencé changer mon état d'esprit. Voire ma grossesse comme une bénédiction de Dieu et comme pour moi un examen qui me fera changer de niveau triplement.

Les choses changent toujours lorsqu'on regarde autrement et positivement.

CAS PRATIQUE

Comment garder ses pensées constantes et positives en toute circonstance ?

Ne vous inquiétez jamais pour ce que vous n'avez pas le pouvoir de contrôler.

Quelle est la nature de votre situation ? ....

Qu'est-ce que vous pouvez personnellement faire pour changer les choses ? ....

Qu'est-ce que Dieu dit de votre situation (la bible) ? ......

Est-ce que vos murmures et inquiétudes peuvent changer les choses ? .....

Priez et faites confiance à Dieu....

Chapitre 3

LA PAROLE

Dieu dit : Que la lumière soit ! Et la lumière fut. Dieu vit que la lumière était bonne ; et Dieu sépara la lumière d'avec les ténèbres.

Votre vie est le résultat de ce que vous dites d'elle.

Je suis convaincu que l'homme est le reflet de ce qu'il pense, mais aussi de ce qu'il dit de lui, du monde et de tout ce qui existe autour de lui.

Si Dieu a créé ce monde par sa parole, c'est ce que l'être humain peut également créer sa propre réalité par sa ce qui sort de sa bouche, c'est-à-dire la parole. Puis que tel Dieu est, tel nous sommes, dit la bible.

La plume est plus forte que l'épée disait Edward Bulwer-Lytton. Mais alors pourquoi la plume est-elle plus forte que l'épée ?

L'explication est simple : les mots peuvent avoir un impact qui dure bien au-delà de l'instant présent. Les idées exprimées par la parole écrite peuvent changer les mentalités pour l'avenir et inspirer en faisant appel aux nobles sentiments alors que l'épée, quant à elle, peut certes détruire des vies et des biens, mais ne peut changer les mentalités ou inspirer à agir pour le bien commun.

En fait, il apparaît non seulement que les mots peuvent s'avérer plus puissants que les armes, mais qu'au-delà des exemples évidents de l'impact des mots sur l'histoire, il y a également des cas où les mots ont été utilisés pour dissuader des conflits.

C'est quoi la parole ?

La parole est une invocation des forces qui sont contenus dans les mots et derrière cette invocation se cache une énergie et une vibration que j'appelle à chaque prononciation.

Et ce sont ses vibrations et cette énergie qui sont à l'origine de tout ce qui fait le quotidien de l'être humain. Parce que ce sont elles, qui créent la réalité.

Le but de ce chapitre est de de vous emmener à améliorer votre façon de vous parler ; car il se pourrait qu'elle soit à l'origine de tout ce qui vous arrive ou que vous avez l'impression de subir.

La parole a une puissance et a le pouvoir de soit changer positivement votre vie, soit la détruire radicalement.

Une fois j'ai lu une blague sur les réseaux sociaux qui d'adressait aux parents. La blague disait que si les parents africains pouvaient remplacer les insultes telles que : imbécile, salop, bandit, idiot, voleur... par : regarde sa tête comme Bill Gâte, regarde comment il est intelligent comme Steve Jobs... on aurait plus de riches et des jeunes créatifs en Afrique.

Autant cette blague m'avait fait rire, autant, elle m'avait interpelé.

L'une des choses les plus difficile à faire pour nous les être humain, c'est la capacité à bien utiliser notre bouche. David, l'homme selon le cœur de Dieu avait l'habitude de prier pour les paroles de sa bouche pour qu'elles soient agréables à Dieu. Nous pouvons donc réaliser à quel point dompter sa bouche est un sujet important.

Celui qui arrive à être maitre de ce qui sort de sa bouche peut contrôler sa vie.

Petite j'étais très bavarde. Le genre d'enfant qui pose tout le temps des questions sur tout et n'importe quoi, qui veut tout savoir, qui veut qu'on l'écoute. Surtout que l'environnement dans lequel j'ai grandi ne m'avait pas donné ma chance de vivre une enfance normale ; c'est-à-dire : faire des erreurs, tomber, casser. Il fallait trop faire attention à ce que je disais et faisais. Ce qui n'était pas évident pour mon âge.

Donc quand je me retrouvais à l'école par exemple, c'était l'occasion pour moi de me défouler et d'utiliser correctement mon talent de journaliste.

D'ailleurs, je fais un clin d'œil à tous mes enseignants de l'école primaire qui m'aimaient beaucoup mais surtout qui avaient vraiment assez de patience pour toujours répondre à toutes mes questions.

Mon besoin de me faire entendre a fait que je sois très bavarde à l'extérieur. Et qui dit bavard, dit beaucoup parler, donner son avis sur tout, dire ce que l'on pense, ce que l'on veut, à veut l'entendre.

Adulte, je parle toujours, peut-être pas avec la même énergie, la même pureté et la même innocence, mais je parle toujours autant je pense.

Au fil des années, mes paroles ont été des bénédictions pour moi, et certaines paroles se sont aussi retournées contre moi. J'ai dit des choses que je regrette mais qui ont eu des répercussions sur ma vie.

Certains comportements sont même nés des paroles que je confessais moi-même.

Je peux vous assurer qu'autant les mots guérissent les maux, autant les mots créent des maux, lorsqu'ils sont mal utilisés. Parce que les paroles ont une puissance.

La mort et la vie sont au pouvoir de la langue ; qui aime la parole mangera de son fruit.

Proverbe 18 : 21

Je suis sûre que vous savez déjà comme moi que nous vivons dans un monde où tout ce que nous voyons naturellement le jour, commence dans le spirituel.

Vous êtes un esprit qui est capté par des esprit. Ce que vous dites intéresse le monde des esprits et peut être votre porte d'entrée vers votre destinée ou carrément une porte de sortie.

Certains me diront : c'est trop facile à dire. Moi aussi je pense que c'est facile à dire.

C'est facile de dire qu'il faut éviter les mauvaises paroles et que ce n'est pas toujours évident de positiver tout le temps parce que les situations ne se ressemblent pas, les degrés de douleurs sont différents etc... vous savez quoi ? c'était aussi ma façon à moi de me convaincre que les mauvaises paroles, ça va, ça vient et c'est normal.

Grandir c'est comprendre que vous êtes responsable de tout ce qui sort de votre bouche quelle que soit la difficulté devant vous, l'injustice et tout ce qui va avec.

Dans votre marche vers la croissance, la maturité, une des choses les plus importante va être de contrôler ce qui sort de votre bouche. Certains diront que c'est de la sagesse. Et moi je vais oser le confirmer. C'est une sagesse que de savoir contrôler ce qui sort de sa bouche.

Les paroles peuvent vous élever, soit vous assombrir de la pire des manières. Il y'a une puissance incroyable dans ce qui sort de nos bouches à tel point que certaines personnes ont vu leur vie s'éteindre petit à petit à cause des paroles prononcées.

Plusieurs couples ont divorcé à cause de l'accumulation des mauvaises paroles,

Plusieurs enfants ont stagné dans leur tête, ce qui a causé leur manque d'ambition, à causes paroles,

Certaines personnes de teint sombre à la base, se sont senti obligées de blanchir la peau à cause des paroles.

Les paroles sont cette chose qu'on ne voit pas mais qui construit et détruit des vies.

Mon souhait est qu'à travers ce chapitre quelqu'un devienne mettre de sa bouche et sache utiliser ses mots pour donner la vie, guérir et sauver. Et je prie que vous soyez à mesure d'utiliser la parole positive pour annuler les mauvaises paroles d'autrefois. Que vous utilisez la parole de Dieu afin de bannir les paroles des hommes.

Avant de prononcer des bonnes paroles pour les autres, pour les situations et circonstance autour de nous, il faut tout d'abord être en mesure de se dire des belles choses à soi-même. Se parler à soi-même commence par la perception de soi. Je pense que nous avons parlé de la pensée là-haut. Vous avez surement compris que nos pensées affectent directement tous les aspects de notre vie, y compris nos paroles.

Ce qui sort de votre bouche détermine votre sort.

Au commencement était la Parole, et la Parole était avec Dieu, et la Parole était Dieu. Elle était au commencement avec Dieu. Toutes choses ont été faites par elle, et rien de ce qui a été fait n'a été fait sans elle. En elle était la vie, et la vie était la lumière des hommes.

Jean 1 : 1-4

Car par tes paroles tu seras justifié, et par tes paroles tu seras condamné.

Mathieu 12 : 37

Ce n'est pas ce qui entre dans la bouche qui souille l'homme ; mais ce qui sort de la bouche, c'est ce qui souille l'homme.

Mathieu 15 : 11

La mort et la vie sont au pouvoir de la langue ; Quiconque l'aime en mangera les fruits.

Proverbes 18 :21

Durant ces deux dernière années, Dieu m'a enseigné de la manière la plus douloureuse l'importance de savoir bien utiliser ma langue, c'est-à-dire ma bouche.

Quand parler ? à qui parler ? pourquoi parler ? où parler ? Comment parler ?

Pourquoi je dis que c'était douloureux ?

Dieu parle tantôt d'une manière, tantôt d'une autre, et très souvent c'est nous qui décidons de l'écouter ou pas. Lorsque les choses se passent autour de nous, le but c'est que nous tirons des leçons et que nous apprenions des erreurs des autres.

Mais quand nous fermons les yeux et décidons de ne faire qu'à notre tête, Dieu n'a pas d'autre choix que de laisser les conséquences nous éduquer. Et je peux vous assurer que les conséquences éduquent vraiment mieux que les conseils. Mais attention ! lorsque vous avez la chance d'être conseillé, prêtez l'oreille et écoutez.

Quand vous passez par des moments difficiles, à qui parlez-vous ? pourquoi ? et comment ?

Quand vous êtes frustré, en colère, déçu, à qui parlez-vous ? et pourquoi ?

Quand les choses dans votre vie de couple, votre vie professionnelle, votre famille ne fonctionnent pas comme prévu, quelle est votre attitude ? quelles sont vos paroles par rapport à ça ? à qui parlez-vous ?

Certaines personnes ne méritent pas de savoir ce qui se passe dans votre vie. Grandir vous imposera de discipliner votre besoin de vous faire entendre quel que soit le niveau de votre douleur.

Savoir se taire vous fera gagner du temps, car, oui, se taire devant les hommes vous permettra de mieux parler à Dieu.

D'ailleurs quelle situation de votre vie est méconnue par Dieu ? avant même que vous ne vous rendiez compte de votre propre situation, lui, l'avait déjà vu.

J'ai tellement murmuré pendant mes moments de confusion, j'ai tellement blâmé Dieu, j'ai tellement dit des paroles que j'ai regrettées après m'être rendue compte que je m'enfonçais.

L'école de la sagesse vous fera réalisé que plus vous avez de la connaissance, moins vous parlez.

Mais plus encore, vous devenez une source de bénédiction pour les autres à partir du moment où vous commencez à utiliser votre bouche uniquement pour proclamer la vie, à la place de vous plaindre, pleurer et murmurer.

J'avais moins de dix ans quand j'ai déclaré que je ne souhaite en aucun cas avoir des souvenir de plusieurs hommes dans ma vie. Je répétais tout le temps que je ne veux connaitre qu'un seul homme dans ma vie pour ne pas embrouiller mon esprit de plusieurs souvenir.

Je ne pense pas que j'étais consciente de la profondeur de ce que je déclarais puisque des années après j'étais attiré par des filles à la place. Mais quand j'ai repris conscience et que les filles ne m'intéressaient plus, je me suis rendue compte que j'étais toujours vierge. Je me suis souvenue de ce que je disais dans mon enfance.

Aujourd'hui encore, je réalise à quel point, toute ma vie, je me comportais de sorte à tenir cette parole comme si ma vie en dépendait.

La vérité c'est que la parole est une semence, et cette semence, lorsqu'elle est plantée intentionnellement et entretenue consciemment, elle produit du fruit.

Quand vous réalisez cela, impossible de continuer à parler de manière inscience à qui veut l'entendre ce que l'on veut et où l'on veut.

VOS PAROLES DOIVENT ETRE INTENTIONNELLES

Parce que la parole est une pensée exprimée, vous devez à chaque fois nourrir, analyser et filtrer vos pensées avant de les exprimer.

Chacune de vos paroles sont des décrets dans le monde spirituel. Soit elles vous condamnent, soit, elles vous libèrent.

N'acceptez pas les mensonges du diable. Car il attend le moment où vous devenez légère dans vos paroles pour entrer. La parole est une porte d'entrée, une très puissante porte.

Peu importe ce par quoi vous pouvez être en train de passer, rassurez-vous toujours d'avoir le contrôle sur ce qui sort de votre bouche.

Ce qui est l'intérieur de vous, vous pouvez le contrôler, mais une fois que la parole est prononcer, vous n'avez plus de contrôle sur elle.

Chapitre 4

LE SILENCE

« Rien ne rehausse l'autorité mieux que le Silence, splendeur des forts et refuge des Faibles »

Charles de Gaulle

''Le silence est pour les oreilles ce que la nuit est pour les yeux''.

Pascal Quignard

Quelqu'un a dit : Le silence est une composante essentielle d'une communication efficace. Un leader qui parle constamment peut diluer le pouvoir de ses mots. En utilisant le silence avec parcimonie et stratégie, un leader peut accentuer l'impact de ses messages.

Je ne me rappelle pas exactement de qui sont ses mots, mais une fois je suis tombée dessus sur les réseaux sociaux, j'ai été interpellé.

Je crois vous avoir dit que petite j'étais très bavarde. On va dire que je n'ai pas changé, puisque je ne suis pas la personne la plus calme qu'il soit. J'ai réussi à trouver mon équilibre entre beaucoup parler et me taire quand il le faut.

Je ne vous mentirai pas que, pour moi, la communication c'est la base de tout. J'aime régler les situations par la communication. J'aime parler pour me libérer et me décharger.

Seulement, j'ai appris qu'il y'a plusieurs manières de communiquer. Vous n'avez pas toujours besoin de beaucoup parler pour vous faire entendre.

Malheureusement pour moi, je l'ai appris dans la douleur, la déception, la trahison et par la méchanceté des êtres humains. Oui, il a fallu que les graves conséquences spirituelles, émotionnelle pour enfin apprendre que le silence est d'or.

Si dessous, quelques mots sur le silence. Ecrit par le magazine FEMME INFLUENTE

LE SILENCE PROTÈGE

Il y a ceux qui bavardent, qui livrent leurs perles aux pourceaux, qui déversent tout sur la place publique et qui, par conséquent, se créent des freins inutiles. Le silence vous mettra toujours à l'abri des jalousies, des mauvaises pensées, et des ennemis.

Aucun d'entre nous ne peut savoir qui nourrit de la jalousie dans son entourage. Or, certains de vos proches s'avèrent être parfois des envieux continuels et souriants, attendant la moindre occasion pour provoquer la chute de la personne enviée. Les jaloux médisent, ils détruisent et nourrissent leur ressentiment de faux arguments, de faux raisonnements ; ils trouvent et trouveront toujours une justification pour juger, pointer du doigt, enlever la paille dans votre oeil et oublier la poutre dans le leur. La jalousie peut causer des dégâts difficiles à réparer au niveau émotionnel et d'un point de vue pratique. D'une part, elle peut tout simplement conduire la victime à s'enfermer dans le chagrin et la tristesse et d'autre part, elle peut nuire à votre image quand le jaloux a décidé de répandre sur la place publique son venin. Prenez une décision difficile mais radicale : arrêtez de parler de vos projets à n'importe qui ! Ne les évoquez jamais sauf si vous êtes obligé, de peur de voir l'un de vos proches vous faire un croche-pied.

LE SILENCE PRÉSERVE LES RELATIONS

Il y a des connaissances qui feraient mieux de rester des connaissances. Bavarder, c'est vous exposer à un éventuel rapprochement, et c'est prendre le risque inutile de détruire certaines relations.

En effet, garder ses distances et garder sa réserve permet de rester cordial avec tous. Parler, c'est créer de l'intimité. Et créer de l'intimité, c'est risquer d'éventuelles futures disputes qu'il sera difficile de résoudre. La sagesse recommande le silence face aux autres, la pudeur et la réserve afin que personne n'ait de motif pour vous discréditer, que ce soit vos partenaires, vos employeurs ou de simples connaissances.

Le silence est d'autant plus important quand il s'agit de vos collègues et de vos supérieurs qui n'ont nul besoin de connaître votre vie dans les détails, ou de savoir quels sont vos projets.

3. LE SILENCE FACILITE LA PRISE DE RESPONSABILITÉ

Le silence peut vous éviter de nombreuses humiliations. Ne pas évoquer vos projets, c'est prendre la sage décision d'assumer en secret d'éventuels échecs. Les évoquer, c'est donner l'occasion à ceux qui attendent votre chute de rire à gorge déployée si vos prédictions ne fonctionnent pas.

Vous êtes la seule responsable de votre réussite ou de votre échec, et le silence à la vertu d'éviter des souffrances inutiles à l'ego.

Le silence vous donnera plus facilement envie de rebondir. Personne n'est au courant. Alors pourquoi ne pas recommencer en ajustant sa ligne de tir et en laissant les résultats glorieux faire votre éloge ?

LE SILENCE DONNE PLUS DE CRÉDIBILITÉ

Une personne silencieuse est une personne que beaucoup ont du mal à cerner. Rester silencieux c'est imposer le respect, maintenir des rapports cordiaux et éviter les actions impulsives dues à la colère ou à l'emportement. Le silence donne l'impression d'une maîtrise parfaite de soi-même et déstabilise les autres. Le silence permet d'éviter le regret.

Connaissez-vous le dicton qui dit « tourner sa langue sept fois dans sa bouche avant de parler » ? Le silence correspond précisément à ce dicton rempli de sagesse. Même lorsque cela part d'une bonne intention, vos paroles ont parfois des effets pervers… Vos locuteurs peuvent réagir de manière violente, alors que vous désiriez juste dire du bien. Garder le silence vous permettra d'éviter ce genre de quiproquo et surtout, de ne pas voir vos paroles reprises et déformées. Garder le silence vous permettra également d'imposer une distance respectueuse dans votre environnement de travail.

Un proverbe bulgare affirme que le silence irrite le diable. Le romancier Honoré de Balzac aussi disait « Quoi de plus complet que le silence ? » En effet, il n'y a rien de plus complet ou de plus parlant qu'un silence. Le silence est terriblement efficace ! C'est la plus grande des révélations. C'est une aile de la parole qui possède de multiples vertus.

Plus vous grandissez, moins vous parlez. Le silence est une arme puissante. Tellement puissance qu'il vus maitre de votre vie et vous permets de vous réaliser sans aucune pression extérieure.

Il est vrai que parfois le besoin de parler, de nous confier devient pressant et urgent. Mais la vraie question dans ces moment-là est de savoir à qui faudra parler ? comment ? et pourquoi ?

Même dans vos conflits de tous les jours avec vos amis, votre partenaire, vos enfants, vos collaborateurs, demandez-vous toujours si le moment est propice pour parler, ou le silence pour cet instant-là peut aider à voir clair.

Chapitre 5

L'AFFIRMATION

Exister vraiment, c'est s'autoriser à être soi-même en toute circonstance.

Laurence Maron

Acceptez tout ce que vous voyez. Acceptez-vous entièrement tel que vous êtes. C'est le début de la sagesse.

Ruth Fishel

Dès les premiers instants de notre vie nous commençons à nous affirmer. Lorsque l'enfant naît, ses premiers pleurs affirment «JE SUIS ICI, J'AI BESOIN DE VOUS, PRENEZ SOIN DE MOI... ».

Avant de développer la parole, l'enfant s'affirme dans ses comportements, par des cris, par des gestes.

En vieillissant, notre attitude et notre parole nous permettent de communiquer nos besoins et nos sentiments. Certains le font spontanément, d'autres non.

Beaucoup de gens ont de la difficulté à s'affirmer parce qu'ils n'ont jamais appris à le faire. Cependant, l'affirmation de soi peut se développer à n'importe quel âge.

Qu'est-ce que l'affirmation de so

En développement personnel, L'affirmation de soi c'est savoir exprimer son opinion, ses sentiments et ses besoins. C'est exprimer ce que nous ressentons.

L'affirmation de soi est une attitude intérieure qui consiste à croire que nous avons une valeur. C'est le pouvoir d'agir face à ses besoins, à son environnement.

J'ai passé quasiment la moitié de ma grossesse à chercher à savoir pourquoi Dieu avait choisi de me donner trois enfants alors que clairement, je n'étais pas prête.

Financièrement, émotionnellement et spirituellement, je croyais ne pas être prête. Alors les quatre premiers mois de ma grossesse, je les ai passé en train de me plaindre, me lamenter et accuser Dieu. Quelle perte de temps !

Vous savez, la bible est tellement clair sur les plans de bonheur que Dieu a pour nous, sur l'amour inconditionnel et plus encore sur le fait que Dieu nous connait véritablement.

Nos parents, notre conjoint, nos amis, nos enfants peuvent se tromper. Ils peuvent nous connaitre superficiellement ; car, oui, l'homme regarde à ce qui frappe à l'œil, mais Dieu sonde les profondeurs.

C'est tellement incrédule de notre part de souvent penser que Dieu peut se tromper.

Il est clair que nous les êtres humains, nous passons souvent à coté de ce qui est notre vraie nature puissante pour nous accrocher aux réalités de la vie. Je peux imaginer à quel point c'est frustrant pour Dieu nous voir agir de la sorte.

La raison pour laquelle je tenais absolument à parler de l'affirmation de soi dans ce livre, c'est surtout nous ramener à reprendre conscience de notre vraie nature, puissance, inébranlable, et pleins de possibilité que nous avons reçu de Dieu dès la création du monde.

Au-delà du développement personnel, Dieu veut que nous nous affirmions afin que le monde autour de nous réalise le grand privilège que s'est, d'être enfants de Dieu.

N'OUBLIEZ JAMAIS QUI VOUS ETES

Les épreuves que vous traversez ont pour but de vous faire grandir, dans ce processus douloureux, une chose est primordiale.

Dieu veut que vous n'oubliez jamais qui vous êtes en lui.

Aucune douleur, aucune situation, aucun mal ne peut changer ce que Dieu dit de vous, ce que Dieu veut de vous et ce que Dieu veut faire avec vous.

Vous affirmez va commencer par vous appuyer par sa parole et ses promesses. Sur base de ces choses vous, vous saurez comment gérer le reste.

Vous affirmer vous emmènera à voir le positif d'abord avant tout autre chose.

La force des personnes fortes réside dans leur capacité à accepter les situations et à aller au-delà.

S'affirmer c'est prendre soin de soi

Nous avons tous des droits, des besoins et les respecter commence par soi. Lorsque nous n'exprimons pas clairement ce que nous ressentons, ce que nous pensons, nous transportons un malaise intérieur.

Un sentiment négatif s'installe en nous : sentiment de culpabilité, frustration, colère ou d'inquiétude. Notre niveau de satisfaction face à la vie est moindre. Nous ressentons un manque de « contrôle » sur notre vie.

Avoir une attitude affirmative c'est avoir le « contrôle de sa vie ». C'est démontrer que nous avons

Une valeur, que nous sommes importants. L'affirmation de soi est avant tout une attitude qui démontre que nous respectons, que nous reconnaissons nos goûts, nos talents, nos sentiments et nos besoins.

S'affirmer c'est être AUTONOME. C'est avoir des droits

<u>Le droit d'exprimer nos émotions</u> : Vous avez le droit d'être triste, en colère, frustré. Exprimer ce que vous ressentez ne fait pas de vous une personne faible. Encore plus, si vous commencez à exprimer ce que vous ressentez à Dieu.

<u>Le droit de faire des erreurs</u> : Ne vous battez pas à être parfait. La perfection est une illusion qui peut détruire votre vie si vous vous donnez pour objectif : l'atteindre à tout prix. Vous devez vous permettre de tomber et de vous relever. Faites vos propres erreurs et relevez-vous. C'est le processus.

<u>Le droit de prendre soin de soi</u> : détrompez-vous, vous ne pourrez jamais aimer votre prochain plus que vous-même. Vous ne pourrez jamais donner ce que vous n'avez pas. Si vous ne prenez pas soin de vous, vous ne pourrez pas prendre soin des autres.

Devenir maman m'a permis de réaliser à quel point prendre soin de moi était important.

<u>Le droit de dire comment nous voulons être traités</u> : ne laissez pas les gens vous traitez comme ils veulent, vous avez le droit et même le devoir de mettre des limites.

<u>Le droit d'accepter de l 'aide sans être coupable</u> : Pourquoi pensez-vous que vous n'avez besoin de personne ? demander de l'aide aux autres est un signe de grandeur. Ensemble on va plus loin. Alors n'ayez jamais honte d'avoir besoin des autres.

Le droit de dire non : vous devez accepter le fait que votre rôle n'est pas de sauver le monde à tout prix. C'est le travail de Dieu.

Il arrivera des jours dans votre vie où vous devriez dire non aux autres pour vous dire oui à vous-même pour le bien de tous.

Le droit d'avoir des besoins : Vos besoins peuvent être légitimes ou non, mais sachez que vous avez le droit d'avoir des besoins et de chercher à les combler. Pour votre équilibre et votre épanouissement, donnez-vous les moyens de combler vos besoins indépendamment de ce que les autres penseront de vous.

Conclusion

Grandir est une occasion de développer ses capacités de compréhension du monde, de l'être humain et de sa raison. Aller vers l'inconnu au plus profond de soi-même. C'est aussi pouvoir exercer progressivement sa capacité d'action, tout en continuant de la développer.

C'est aussi mieux saisir qu'on va vers la mort, et penser qu'on s'en rapproche, la craindre et se préparer tous les jours. Dieu veut que vous grandissez pour votre épanouissement, pour votre famille, votre mission de vie et bien être.

Grandir, c'est aussi s'élever moralement et devenir un sujet respectueux de soi et d'autrui. Verticalité physique et verticalité psychique se conjuguent ainsi au sein des processus de croissance.

Votre âge, votre taille, votre entreprise, tout le matériel du monde ne vous feront jamais grandir.

Grandir est une décision.

I want morebooks!

Buy your books fast and straightforward online - at one of world's fastest growing online book stores! Environmentally sound due to Print-on-Demand technologies.

Buy your books online at
www.morebooks.shop

Achetez vos livres en ligne, vite et bien, sur l'une des librairies en ligne les plus performantes au monde!
En protégeant nos ressources et notre environnement grâce à l'impression à la demande.

La librairie en ligne pour acheter plus vite
www.morebooks.shop

Printed by Books on Demand GmbH, Norderstedt / Germany